A Psicologia por Trás das Objeções

Copyright

Os direitos de todos os textos contidos neste livro eletrônico são reservados a seu autor, e estão registrados e protegidos pelas leis do direito autoral. Esta é uma edição eletrônica (ebook), que não pode ser vendida nem comercializada em nenhuma hipótese, nem utilizada para quaisquer fins que envolvam interesse monetário.

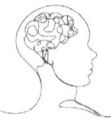

"Objeções são dúvidas não respondidas. Descobrir que dúvidas são essas é o que te garante a certeza da venda."

"Vender para pessoas que na verdade querem lhe escutar é mais eficiente que interromper aqueles que não querem."

"Se as pessoas gostam de você, elas te escutarão, mas se elas confiarem em você, farão negócios com você."

Existe uma batalha constante entre o desejo de fechar negócios e a inevitável presença das objeções. Elas surgem como sombras misteriosas, capazes de desviar até mesmo o cliente mais promissor do caminho da compra. Mas o que realmente está por trás dessas objeções? O que motiva as pessoas a resistirem, a hesitarem, a dizerem "não"?

Imagine desvendar os segredos ocultos da mente humana, desvendar as intricadas teias de pensamentos, emoções e motivações que influenciam cada objeção. Agora, você tem a oportunidade de mergulhar fundo nessa fascinante jornada pela psicologia por trás das objeções.

Ao adentrar esse reino desconhecido, você será confrontado com uma infinidade de perguntas intrigantes. Por que algumas pessoas resistem a uma oferta irresistível? O que faz com que outras abandonem uma compra no último minuto? Quais são os fatores que moldam as objeções, transformando-as em barreiras intransponíveis?

Prepare-se para desvendar os mistérios por trás das respostas negativas. Ao longo desta exploração, você descobrirá técnicas persuasivas, estratégias inteligentes e insights reveladores que irão desarmar as objeções e abrir portas para o sucesso nas vendas. Você aprenderá a identificar os sinais sutis, a decifrar as entrelinhas das objeções e a desvendar os verdadeiros motivos por trás do "não".

Esteja preparado para uma jornada emocionante, repleta de reviravoltas e revelações. A cada página virada, você descobrirá novas facetas da mente humana, compreendendo as nuances que moldam o comportamento do consumidor.

Abra sua mente para as sutilezas da linguagem, das expressões faciais e da linguagem corporal, desvendando as pistas que revelam as objeções ocultas.

Introdução: A Origem das Objeções

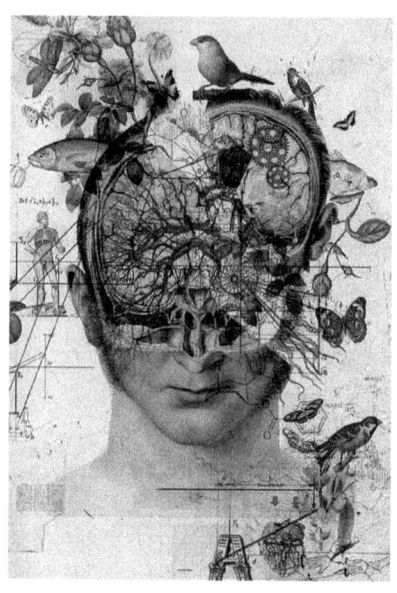

As objeções são parte integrante das interações humanas desde tempos imemoriais. Ao longo da história, sempre que ocorreram negociações, vendas ou simplesmente trocas de bens e serviços, as objeções estiveram presentes. Elas surgem como uma manifestação natural do pensamento crítico e da necessidade de avaliar cuidadosamente as informações antes de tomar decisões importantes.

Desde os primórdios da civilização, as pessoas têm buscado garantir que suas necessidades sejam atendidas de maneira satisfatória.

Seja durante a negociação de uma transação comercial, a compra de um produto ou a contratação de um serviço, é comum que questionamentos, dúvidas e preocupações surjam.

As objeções podem ter várias origens. Podem ser resultado de experiências anteriores negativas, desconfiança em relação ao vendedor ou empresa, falta de clareza sobre os benefícios do produto ou serviço, restrições financeiras, entre outros fatores.

Cada indivíduo traz consigo suas próprias bagagens, crenças e perspectivas que moldam suas objeções.

A importância de compreender a origem das objeções reside na capacidade de superá-las de forma eficaz.

Ao entender as razões subjacentes às preocupações do cliente, é possível adaptar abordagens, fornecer informações relevantes e oferecer soluções personalizadas que atendam às suas necessidades e expectativas.

A evolução da sociedade e das práticas comerciais trouxe à tona novos desafios e complexidades nas objeções. Com o avanço da tecnologia, o acesso a informações se tornou mais amplo e rápido, e os clientes estão cada vez mais bem informados e exigentes. Isso significa que vendedores e profissionais de vendas devem estar preparados para enfrentar objeções mais sofisticadas e abordar as preocupações de maneira estratégica.

Felizmente, ao longo dos anos, o estudo das objeções evoluiu, e foram desenvolvidas técnicas e estratégias para lidar com elas de maneira eficaz.

A compreensão da psicologia humana, o aprimoramento das habilidades de comunicação e a capacidade de se adaptar a diferentes situações de vendas são algumas das ferramentas essenciais que os profissionais utilizam para superar objeções e fechar negócios de sucesso.

Neste livro, você vai mergulhar na jornada de compreender as objeções em sua essência, explorando suas origens, classificações e estratégias para controlá-las.

Ao compreender a história e a natureza das objeções, estaremos melhor preparados para enfrentá-las e transformá-las em oportunidades de vendas.

Vamos ao que interessa!

O Não das Objeções: Descobrindo a Solução Desconhecida"

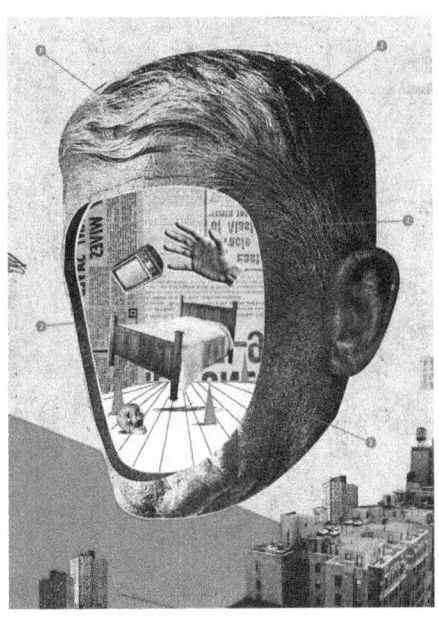

Ao longo de nossas vidas, todos nós já nos deparamos com o poderoso "não".

Esse pequeno termo de duas letras pode parecer uma barreira intransponível, mas, na verdade, é apenas um reflexo do desconhecimento sobre a solução que está por trás.

Quando um cliente expressa uma objeção, dizendo "não", é importante entender que esse não é uma resposta natural daqueles que ainda não conhecem a solução. É como se estivessem olhando para uma porta fechada sem saber que do outro lado há um mundo de possibilidades.

Essa reação é fruto da falta de informação, do receio do desconhecido e do medo de tomar uma decisão equivocada. Como seres humanos, tendemos a ser cautelosos quando nos deparamos com algo novo, especialmente quando envolve nossos recursos financeiros, tempo ou confiança.

A verdade é que o "não" das objeções é uma oportunidade disfarçada. Cada objeção representa uma chance de educar, informar e convencer o cliente sobre a solução que oferecemos. É como se estivéssemos abrindo a porta que estava fechada, revelando um mundo de benefícios e possibilidades que o cliente desconhecia.

Ao encarar as objeções dessa forma, assumimos um papel de facilitadores, guiando os clientes rumo à solução que eles nem sabiam que precisavam. É nossa responsabilidade mostrar a eles os benefícios, a eficácia e o valor agregado que nossa solução pode proporcionar. Precisamos iluminar o caminho, dissipar as dúvidas e dissipar os medos, revelando a solução que está além do "não".

Cada "não" é uma oportunidade de mostrar que existem alternativas, que há um mundo de soluções disponíveis. É uma chance de apresentar evidências, depoimentos e casos de sucesso que comprovem a eficácia da nossa oferta. É um convite para estabelecer uma conexão mais profunda com o cliente, ouvir suas preocupações e responder de forma convincente, demonstrando como nossa solução pode resolver seus problemas e atender às suas necessidades.

Portanto, ao nos depararmos com o "não" das objeções, lembremo-nos de que ele não é o fim, mas o começo de uma jornada. É a oportunidade de educar, informar e abrir portas que antes estavam fechadas. Com paciência, empatia e habilidades persuasivas, podemos transformar esses "nãos" em "sim", conduzindo nossos clientes a uma solução que eles nunca souberam que precisavam.

Portanto, vamos abraçar os "nãos" das objeções como convites para apresentar a solução desconhecida, guiando os clientes rumo a um futuro melhor. Juntos, vamos superar as objeções, eliminar as dúvidas e ajudar as pessoas a descobrirem as soluções que estavam esperando.

Perguntar é o começo para receber

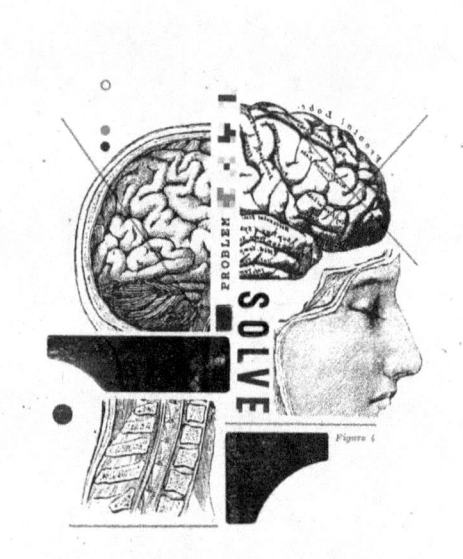

Há um segredo poderoso que separa os vendedores de sucesso dos demais: a habilidade de fazer as perguntas certas.

Perguntar é o começo para receber, especialmente quando se trata de entender as objeções dos clientes e convertê-las em vendas.

Imagine-se em uma situação de venda, onde você está apresentando um produto ou serviço com entusiasmo, mas o cliente parece hesitante.

Em vez de assumir que você sabe exatamente o que ele está pensando, é hora de abrir um diálogo, fazer perguntas estratégicas e descobrir as objeções ocultas que estão impedindo a conclusão da venda.

Ao fazer perguntas, você demonstra um genuíno interesse pelo cliente e pelas suas necessidades. Você está disposto a ouvir, a entender suas preocupações e a encontrar soluções personalizadas. Isso cria uma conexão poderosa, baseada na confiança e no compromisso de ajudar.

As perguntas têm o poder de revelar as verdadeiras objeções do cliente. Muitas vezes, o "não" inicial não é o fim da história.

Por trás dele podem estar dúvidas, receios ou falta de informação. Ao fazer perguntas perspicazes, você mergulha na mente do cliente, entendendo suas preocupações e fornecendo as respostas e os esclarecimentos necessários.

Ao compreender as objeções, você pode transformá-las em oportunidades. Perguntas bem formuladas ajudam a destacar os benefícios e vantagens do seu produto ou serviço, mostrando ao cliente como ele pode superar seus desafios e alcançar seus objetivos. Essa abordagem estratégica é fundamental para criar valor e convencer o cliente de que a sua oferta é a solução perfeita para suas necessidades.

As perguntas não são apenas uma ferramenta de venda, mas também um instrumento de aprendizado contínuo. Cada interação com o cliente é uma oportunidade para obter insights valiosos sobre o mercado, os concorrentes e as necessidades em constante evolução. Ao fazer perguntas inteligentes, você coleta informações valiosas que podem ser usadas para aprimorar suas estratégias e alcançar um desempenho ainda melhor.

Nunca subestime o poder de fazer perguntas. Seja curioso, esteja aberto ao diálogo e faça as perguntas que irão desvendar as objeções e conduzir a uma venda bem-sucedida. Seja um ouvinte atento, entenda as preocupações do cliente e mostre como sua oferta pode realmente fazer a diferença em sua vida ou negócio.

Lembre-se de que perguntar é o começo para receber. Faça perguntas estratégicas, mergulhe nas objeções e converta-as em oportunidades.

Decifrando o Não Racional e o Não Emocional

No mundo das interações humanas, o "não" é uma palavra presente na vida de todos.

Quando falamos de vendas, é essencial entender as nuances por trás desse "não".

Existem dois tipos principais de "não": o não racional e o não emocional.

O não racional é baseado na lógica e na razão. Pode ocorrer quando o cliente não encontra justificativas objetivas para adquirir um produto ou serviço. Talvez ele não veja o valor agregado ou acredite que não atenderá suas necessidades específicas. Nesses casos, é fundamental apresentar argumentos convincentes e informações claras que demonstrem os benefícios e vantagens do que você oferece.

Já o não emocional, é movido por fatores mais subjetivos. Emoções, experiências passadas e até mesmo intuições podem desempenhar um papel importante nessa decisão. O cliente pode não sentir uma conexão emocional com a oferta, não confiar plenamente na marca ou simplesmente ter uma sensação de desconforto.

Nesses casos, é essencial construir relacionamentos sólidos, criar empatia e estabelecer confiança. Demonstre que você entende suas preocupações e que está genuinamente comprometido em ajudá-lo a tomar a melhor decisão.

Entender a diferença entre o não racional e o não emocional é crucial para desenvolver uma abordagem eficaz de vendas. É necessário abordar as objeções de maneira holística, combinando argumentos racionais com uma conexão emocional sólida.

Lembre que cada cliente é único e suas motivações podem variar. O que pode ser um não racional para um cliente pode ser um não emocional para outro. É fundamental adaptar sua abordagem de acordo com as necessidades e preferências individuais de cada cliente.

Motivações ocultas do consumidor

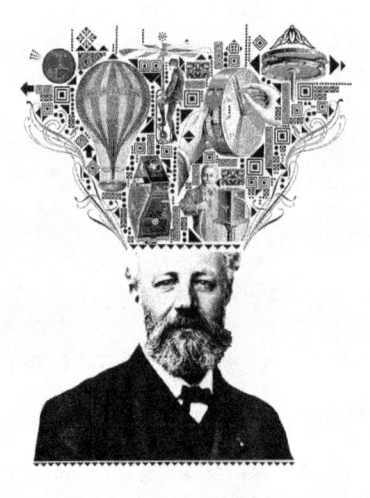

Embora os consumidores possam expressar suas necessidades e desejos de maneira explícita, muitas vezes existem motivações subjacentes que influenciam suas escolhas de forma inconsciente.

A compreensão dessas motivações ocultas é um campo de estudo fascinante e de grande relevância para os profissionais de marketing. Por meio de pesquisas e técnicas científicas, é possível desvendar os segredos da mente do consumidor e utilizar esse conhecimento para desenvolver estratégias de marketing mais eficazes.

Uma das abordagens utilizadas nessa exploração é a psicologia do consumidor. Através de pesquisas e experimentos, os psicólogos examinam os processos mentais e emocionais que ocorrem durante o processo de compra. Eles investigam fatores como percepção, aprendizado, memória, emoções e personalidade, a fim de identificar as motivações ocultas que impulsionam o comportamento do consumidor.

Outra área de estudo relevante é a neurociência do consumidor. Utilizando técnicas avançadas, como a ressonância magnética funcional (fMRI), os neurocientistas investigam a atividade cerebral durante as decisões de compra. Isso permite identificar quais áreas do cérebro são ativadas e como elas estão relacionadas às preferências e motivações do consumidor.

Uma motivação oculta comum é a busca por status e pertencimento. Os consumidores podem ser motivados a adquirir determinados produtos ou marcas para expressar seu status social ou para se sentir parte de um grupo exclusivo. Essa motivação pode estar enraizada em desejos de reconhecimento, aceitação social e autoestima.

Além disso, as emoções desempenham um papel significativo nas motivações ocultas do consumidor. As decisões de compra são frequentemente influenciadas por sentimentos como prazer, medo, segurança, confiança e nostalgia. Compreender as emoções envolvidas nas escolhas do consumidor permite que as empresas se conectem de maneira mais profunda e autêntica, criando experiências de consumo memoráveis.

Outro aspecto importante é a influência do ambiente e das experiências passadas. O contexto em que o consumidor se encontra e as experiências que teve anteriormente podem moldar suas motivações e preferências. Por exemplo, uma lembrança positiva associada a uma marca ou produto específico pode criar uma motivação oculta para repetir aquela experiência.

É importante ressaltar que as motivações ocultas do consumidor não são estáticas. Elas evoluem com o tempo, sendo influenciadas por fatores sociais, culturais, econômicos e tecnológicos. Portanto, é essencial que os profissionais de marketing estejam atentos às mudanças e se adaptem continuamente para atender às novas motivações e necessidades do consumidor.

Em suma, o estudo das motivações ocultas do consumidor é uma disciplina científica que requer uma abordagem multidisciplinar, envolvendo psicologia, neurociência, sociologia e outras áreas. Ao decifrar essas motivações, as empresas podem criar estratégias de marketing mais eficazes, oferecendo produtos e experiências que realmente ressoam com o consumidor. O conhecimento dessas motivações ocultas é uma vantagem competitiva, permitindo que as empresas se destaquem no mercado e cultivem relacionamentos duradouros com seus clientes.

Aqui estão 20 exemplos práticos de como as motivações ocultas do consumidor podem influenciar as decisões de compra:

Uma pessoa compra um carro de luxo não apenas por sua funcionalidade, mas para expressar seu status e prestígio social.

Um cliente opta por uma determinada marca de roupas de grife para se sentir parte de um grupo exclusivo e diferenciado.

Uma mãe escolhe um produto infantil específico porque a embalagem e a publicidade despertam sentimentos de segurança e cuidado.

Um consumidor compra um produto de limpeza com base em memórias afetivas de sua infância, associando-o a uma sensação de conforto e familiaridade.

Um indivíduo escolhe uma marca de café porque acredita que ela representa um estilo de vida sofisticado e refinado.

Um cliente prefere um restaurante com um ambiente aconchegante e acolhedor, pois busca conforto emocional durante a refeição.

Uma pessoa compra um perfume específico porque associa sua fragrância a lembranças positivas e emocionalmente significativas.

Um consumidor escolhe um produto de tecnologia porque acredita que ele o ajudará a se sentir conectado e atualizado com as últimas tendências.

Um cliente opta por uma academia de luxo porque deseja ser parte de um grupo que valoriza a saúde, o bem-estar e o estilo de vida ativo.

Uma pessoa decide comprar um produto sustentável porque deseja contribuir para a preservação do meio ambiente e se sentir bem consigo mesma.

Um consumidor escolhe um determinado restaurante por causa de avaliações positivas e recomendações de amigos, buscando uma experiência gastronômica confiável.

Uma mãe compra brinquedos educativos para seus filhos porque valoriza o desenvolvimento intelectual deles e deseja proporcionar uma vantagem educacional.

Um cliente adquire um produto de beleza de uma marca específica porque acredita que ela respeita seu tipo de pele e atende às suas necessidades específicas.

Um indivíduo escolhe um hotel com base em avaliações online e nas experiências compartilhadas por outros hóspedes, buscando conforto e qualidade de serviço.

Um consumidor opta por uma marca de alimentos orgânicos porque acredita que ela oferece uma alternativa saudável e livre de produtos químicos.

Uma pessoa compra um celular de última geração para se sentir atualizada e conectada a um mundo digital em constante evolução.

Um cliente escolhe uma academia com programas específicos, como aulas de dança, porque busca diversão e expressão pessoal durante o exercício.

Um consumidor adquire um produto de luxo como uma bolsa de grife para se presentear e recompensar pelo trabalho árduo e sucesso alcançado.

Uma pessoa decide comprar um colchão de alta qualidade para melhorar sua qualidade de sono e bem-estar geral.

Um cliente opta por um serviço de streaming de música com base em suas preferências musicais, buscando uma experiência personalizada e uma trilha sonora que corresponda ao seu estilo de vida.

Pegou a ideia?!

O Comportamento Social

nas Decisões de Compra

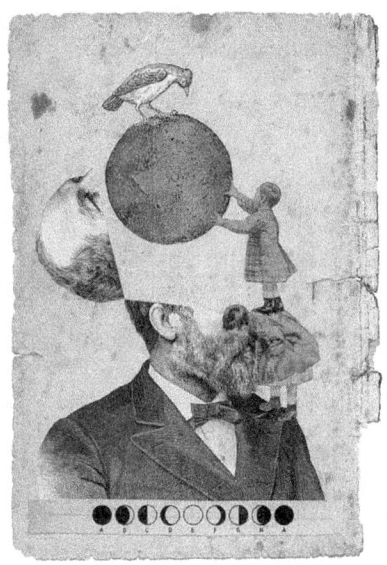

Os seres humanos são seres sociais por natureza e estão imersos em uma complexa teia de interações sociais que moldam suas escolhas e preferências.

Compreender a influência do comportamento social nas objeções é fundamental para os profissionais de vendas que desejam converter leads em clientes satisfeitos.

Uma das maneiras pelas quais o comportamento social afeta as objeções é por meio do efeito de prova social.

As pessoas têm a tendência de confiar nas opiniões e ações de outros indivíduos ao tomar decisões. Se um cliente em potencial percebe que muitas pessoas estão satisfeitas com um produto ou serviço, é mais provável que ele se sinta mais confortável em tomar a decisão de compra. Por outro lado, se há objeções e críticas negativas em relação a um produto, isso pode criar uma barreira para a conversão.

Além disso, a influência social pode surgir por meio da pressão dos pares.

Quando as pessoas estão em um grupo social, elas tendem a se ajustar ao comportamento e às opiniões desse grupo, buscando aprovação e evitando o confronto.

Isso pode afetar as objeções, pois um cliente pode se sentir compelido a aderir à opinião dominante do grupo, mesmo que suas objeções pessoais sejam diferentes.

Portanto, é essencial entender as dinâmicas sociais envolvidas e adaptar a abordagem de vendas para lidar com essas influências.

Outra forma de influência social está relacionada à autoridade e ao poder de influência de certos indivíduos ou grupos. Se uma pessoa de destaque ou uma figura de autoridade endossar um produto ou serviço, isso pode reduzir as objeções e aumentar a confiança do cliente.

Testemunhais de especialistas, celebridades ou influenciadores podem desempenhar um papel importante ao influenciar a decisão de compra.

Da mesma forma, a influência de amigos, familiares ou colegas de trabalho também pode ser significativa, pois essas pessoas têm um vínculo emocional e um alto grau de confiança.

A transparência e a honestidade são fundamentais para estabelecer relações duradouras e construir a confiança do cliente. Ao equilibrar a influência social com uma abordagem autêntica, os profissionais de vendas podem criar um ambiente propício para superar objeções e converter clientes em defensores fiéis de seus produtos e serviços.

Objeções universais e como contorná-las

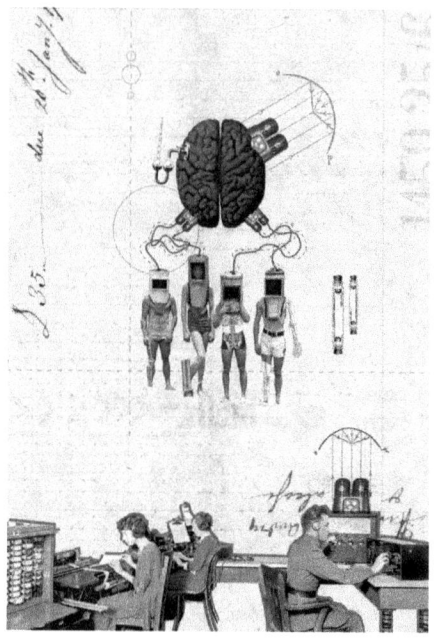

Certamente! Aqui estão mais de 20 objeções universais frequentemente encontradas em vendas, juntamente com algumas sugestões sobre como contorná-las:

"Não tenho dinheiro suficiente": Destaque o valor e os benefícios do produto, mostre opções de financiamento ou planos de pagamento flexíveis.

"Não tenho tempo": Demonstre como o produto economizará tempo no longo prazo e ofereça soluções que se encaixem na rotina do cliente.

"Não preciso disso": Identifique uma necessidade latente que o cliente possa não estar consciente e mostre como o produto pode atender a essa necessidade.

"Já tenho um produto similar": Destaque as vantagens e benefícios únicos do seu produto em comparação com o que o cliente já possui.

"Não confio na marca": Forneça depoimentos e avaliações de clientes satisfeitos, compartilhe histórias de sucesso e ofereça garantias sólidas.

"Não estou interessado": Descubra os motivos subjacentes à falta de interesse e ofereça informações adicionais relevantes ou mostre como o produto pode resolver um problema específico.

"A concorrência oferece um preço melhor": Destaque os diferenciais de qualidade, atendimento ao cliente e suporte pós-venda que justificam o preço do seu produto.

"Preciso pensar melhor": Faça perguntas para entender as preocupações específicas do cliente e forneça informações adicionais para ajudar na tomada de decisão.

"Não entendo como isso funciona": Explique de forma clara e simples o funcionamento do produto, ofereça demonstrações ou mostre casos de uso práticos.

"Não gosto de pressão de vendas": Estabeleça uma abordagem consultiva, seja paciente e respeite o tempo do cliente, fornecendo informações relevantes para ajudá-lo a tomar uma decisão informada.

"Não sei se isso funcionará para mim": Mostre exemplos de clientes semelhantes que obtiveram sucesso com o produto e ofereça garantias ou períodos de teste para mitigar o risco.

"Não tenho autoridade para tomar essa decisão": Ajude o cliente a envolver as partes interessadas relevantes, ofereça materiais informativos para apresentação e mostre como o produto atende às necessidades da empresa.

"Não quero lidar com problemas de suporte": Destaque o suporte ao cliente excepcional que sua empresa oferece e como você se preocupa com a satisfação do cliente.

"Estou satisfeito com meu fornecedor atual": Identifique as áreas em que você supera o fornecedor atual em termos de qualidade, eficiência, preço ou suporte e destaque esses diferenciais.

"Não estou confortável com a tecnologia": Ofereça treinamento e suporte especializados para ajudar o cliente a se sentir mais confiante com o uso do produto.

"Não vejo a necessidade imediata": Demonstre os riscos de não agir agora e como o produto pode trazer benefícios a curto e longo prazo.

"Já tive uma experiência ruim no passado": Reconheça a preocupação do cliente e mostre como sua empresa é diferente, destacando casos de sucesso e políticas de satisfação do cliente.

"Não sei se posso confiar em você": Estabeleça uma conexão pessoal, compartilhe informações relevantes sobre sua empresa e sua experiência no setor.

"Não tenho certeza se isso resolverá meu problema": Faça perguntas para entender o problema do cliente em profundidade e ofereça uma solução personalizada que aborde suas preocupações específicas.

"Não gosto de mudanças": Mostre os benefícios da mudança e como sua empresa apoiará o cliente durante a transição, oferecendo treinamento e suporte adequados.

Não quero lidar com a curva de aprendizado para usar esse produto": Ofereça treinamento intensivo e suporte contínuo para garantir que o cliente se sinta confiante e capacitado desde o início.

"Não quero assumir um compromisso a longo prazo": Apresente opções flexíveis de contrato, como contratos de curto prazo ou planos de pagamento mensais, para reduzir o risco e aumentar a confiança do cliente.

"Não tenho certeza se essa é a prioridade certa para o meu orçamento": Mostre como o produto pode gerar um retorno sobre o investimento significativo e se encaixar nos objetivos estratégicos do cliente.

Essas são apenas algumas sugestões de como contornar objeções comuns. Cada situação de venda é única, portanto, é essencial adaptar a abordagem com base nas necessidades, preocupações e características individuais de cada cliente.

As perguntas mais interessantes para quebrar as objeções do cliente

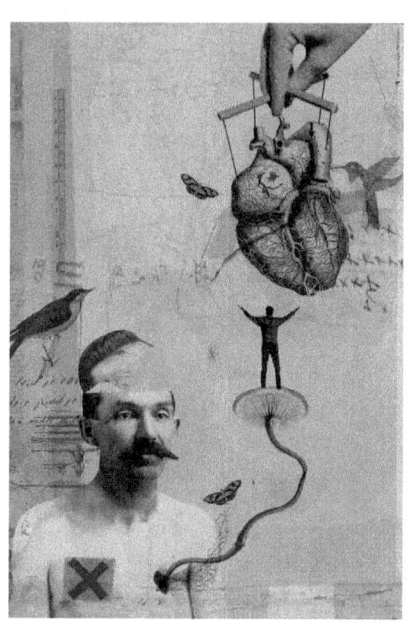

Ao tentar entender o cliente e superar suas objeções, fazer as perguntas certas é o que te dá subsídios para a conversão.

Aqui estão algumas perguntas interessantes que podem ajudar nesse processo:

Quais são os principais desafios ou problemas que você enfrenta atualmente no seu negócio/vida pessoal?

Quais são os resultados ou metas que você gostaria de alcançar?

O que é mais importante para você ao considerar uma solução para esse problema?

Você já tentou alguma solução anteriormente? O que funcionou ou não funcionou?

Quais são as suas expectativas em relação a uma solução ideal?

Quais são os critérios que você utiliza para tomar decisões de compra?

Quais são as preocupações ou objeções que você tem em relação a essa solução?

Como você imagina que essa solução se encaixaria no seu ambiente/estrutura atual?

Quais são os prazos ou restrições de tempo que você tem?

Quem mais está envolvido na tomada de decisão? Quais são as opiniões ou preocupações deles?

Como você mede o sucesso ou o retorno sobre o investimento?

Qual é o impacto financeiro que você espera ver com essa solução?

Quais são os riscos que você identifica ao considerar essa solução?

Quais são as principais informações ou dados que você precisa para se sentir confortável em tomar uma decisão?

Existe algum aspecto específico que você gostaria de saber mais sobre essa solução?

Como você prefere se comunicar e receber informações durante o processo de tomada de decisão?

Qual é a sua experiência anterior com produtos/serviços semelhantes?

Quais são os critérios que você usa para avaliar a confiabilidade de um fornecedor?

Qual é o impacto que a falta de solução para esse problema está causando atualmente?

O que você considera uma implementação bem-sucedida dessa solução?

Essas perguntas ajudam a entender melhor as necessidades, preocupações e expectativas do cliente, permitindo que você ofereça uma abordagem personalizada para superar suas objeções e apresentar uma solução que atenda às suas demandas específicas.

Lembre-se de ouvir atentamente as respostas e adaptar suas estratégias com base nas informações obtidas.

A técnica que o lobo de wall street usava para quebrar objeções

O personagem Jordan Belfort, retratado no filme "O Lobo de Wall Street", era conhecido por sua habilidade em quebrar objeções e fechar negócios. Ele utilizava uma técnica chamada "The Straight Line Persuasion System" (Sistema de Persuasão em Linha Reta), que se baseava em alguns princípios-chave. É importante ressaltar que o personagem é uma representação fictícia e que suas práticas podem não ser éticas ou recomendadas na vida real.

A técnica de Jordan Belfort envolvia os seguintes passos:

Estabelecer rapport: Ele começava construindo uma conexão com o cliente, criando um ambiente de confiança e empatia. Isso era feito por meio de elogios, escuta ativa e demonstração de interesse genuíno.

Identificar necessidades: Belfort fazia uma série de perguntas para entender as necessidades, desejos e dores do cliente. Ele buscava identificar o que realmente motivava o cliente e quais eram suas objeções.

Criar uma visão: O próximo passo era pintar uma imagem vívida e atraente do futuro que o cliente poderia alcançar ao adquirir o produto ou serviço. Ele se concentrava nos benefícios e resultados tangíveis que o cliente poderia obter.

Quebrar objeções: Belfort usava uma combinação de técnicas de persuasão, como antecipar objeções comuns e refutá-las com argumentos convincentes, oferecer provas sociais (por exemplo, depoimentos de clientes satisfeitos) e fornecer garantias para minimizar os riscos percebidos.

Fechar o negócio: Ele utilizava técnicas de fechamento, como a criação de um senso de urgência e a oferta de incentivos especiais, para encorajar o cliente a tomar uma decisão imediata.

É importante notar que as práticas de Jordan Belfort são controversas e podem não ser éticas ou apropriadas em todas as situações de vendas. É fundamental agir com integridade, respeitar as necessidades e limitações do cliente e buscar uma abordagem mais ética e sustentável para superar objeções e fechar negócios.

Por que existem objeções ocultas?

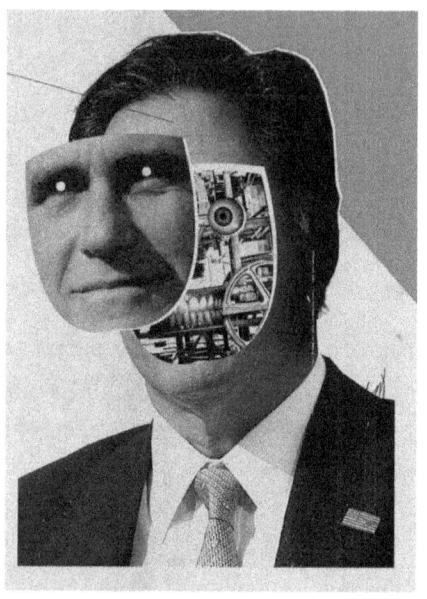

Existem objeções ocultas porque nem sempre os clientes expressam todas as suas preocupações ou dúvidas de forma clara e direta durante o processo de vendas. As objeções ocultas são pensamentos, emoções ou questões que os clientes podem ter, mas que não são explicitamente comunicadas ao vendedor.

Existem várias razões pelas quais as objeções podem ser ocultas:

Medo de parecer vulnerável: Os clientes podem não querer admitir suas preocupações ou inseguranças, pois isso poderia expor suas fraquezas ou falta de conhecimento. Eles podem temer que o vendedor use essas informações contra eles ou os julgue.

Desconfiança: Alguns clientes podem não confiar completamente no vendedor ou na empresa, o que pode levar a uma relutância em compartilhar suas objeções. Eles podem ter receio de serem manipulados ou enganados.

Falta de clareza: Os clientes podem ter dificuldade em articular suas preocupações de forma precisa ou não estarem conscientes de todas as suas objeções. Eles podem ter uma sensação vaga de que algo não está certo, mas não conseguem identificar o que é.

Receio de conflito: Alguns clientes evitam confrontos ou debates, preferindo evitar objeções diretas. Eles podem acreditar que expressar suas objeções pode levar a um confronto ou a uma situação desconfortável.

Expectativas não atendidas: Os clientes podem ter expectativas prévias que não foram atendidas durante o processo de vendas. Eles podem ter imaginado algo diferente ou terem ouvido algo que gerou dúvidas em sua mente, mas não compartilharam essas expectativas não atendidas.

Para lidar com objeções ocultas, é importante criar um ambiente de confiança e empatia, ouvir atentamente o cliente e fazer perguntas abertas para incentivar a expressão completa de suas preocupações. É essencial mostrar respeito, validar suas objeções e fornecer informações claras e convincentes para abordar cada uma delas. Quanto mais o vendedor conseguir encorajar a abertura e a transparência, maior será a probabilidade de identificar e superar as objeções ocultas.

Contágio emocional: as pessoas respondem da mesma maneira

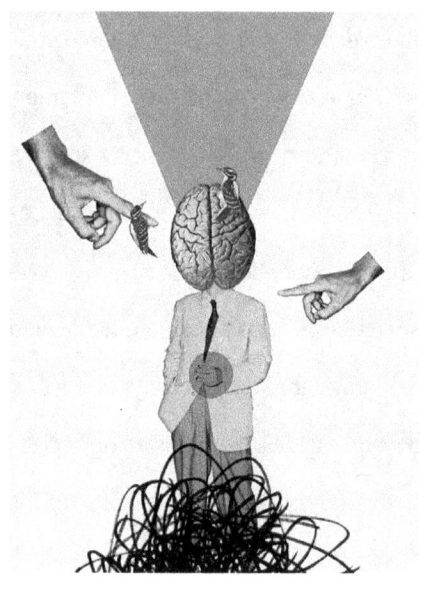

O contágio emocional é um processo inconsciente no qual as emoções de uma pessoa são transferidas para outra através da comunicação não verbal, linguagem corporal e expressões faciais. Isso ocorre porque somos seres sociais e temos a capacidade de nos sintonizarmos com as emoções dos outros.

Pesquisas científicas mostram que o contágio emocional pode ocorrer em diversas situações e ambientes, desde interações pessoais até ambientes de trabalho e até mesmo nas redes sociais. Quando alguém expressa uma emoção intensa, isso pode se espalhar rapidamente para as pessoas ao seu redor.

Esse contágio emocional tem implicações significativas em nossas vidas, inclusive nas interações de vendas. Se um vendedor demonstra confiança, entusiasmo e otimismo, é provável que isso seja transmitido para o cliente, aumentando a probabilidade de uma conexão positiva e de uma venda bem-sucedida. Por outro lado, se um vendedor mostra insegurança, desânimo ou falta de interesse, isso também pode ser transmitido e afetar negativamente a interação com o cliente.

Portanto, é fundamental que os vendedores estejam conscientes de suas próprias emoções e do impacto que podem ter sobre os outros. Ao cultivar uma atitude positiva e demonstrar emoções que inspirem confiança e entusiasmo, os vendedores têm maior probabilidade de influenciar positivamente os clientes, ajudando a criar um ambiente propício para a quebra de objeções e o fechamento de negócios.

Além das palavras

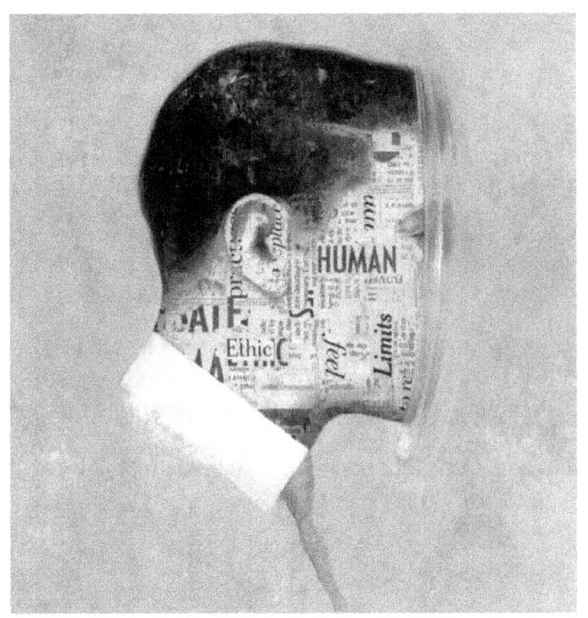

Tom de voz, inflexão, altura e velocidade. Linguagem corporal e expressões faciais.

A maneira como você se veste e sua aparência externa. Uma foto vale mais que mil palavras, e estar bem vestido manda uma mensagem poderosa - interna e externamente. É por isso que mesmo os vendedores internos devem se vestir com confiança.

Quando se trata de vendas, a forma como nos comunicamos vai além das palavras que escolhemos. Nosso tom de voz, inflexão, altura e velocidade são elementos cruciais para criar uma conexão com os clientes e transmitir confiança e credibilidade.

Imagine um vendedor que fala com um tom de voz monótono, baixo e sem emoção. Ele pode estar oferecendo um produto incrível, mas sua comunicação desanimada e apática não desperta o interesse do cliente. Agora, pense em um vendedor que fala com entusiasmo, energia e entonação variada. Essa pessoa transmite paixão e convicção, cativando a atenção do cliente desde o primeiro momento.

Além do tom de voz, a linguagem corporal e as expressões faciais também desempenham um papel fundamental nas interações de vendas.

Nossa postura, gestos e expressões faciais comunicam muito sobre nossos sentimentos e intenções. Um vendedor que mantém uma postura ereta, faz contato visual e sorri transmite confiança, abertura e receptividade. Essa linguagem corporal positiva cria uma atmosfera acolhedora e encoraja o cliente a se sentir à vontade para compartilhar suas preocupações e objeções.

Não podemos esquecer também da importância da aparência externa. A forma como nos vestimos e cuidamos da nossa aparência envia uma mensagem poderosa sobre quem somos e como nos valorizamos. Os clientes muitas vezes formam uma primeira impressão baseada na nossa aparência, e isso pode influenciar a maneira como eles nos percebem e confiam em nós.

Portanto, mesmo que você seja um vendedor interno, trabalhando por telefone ou em ambiente virtual, não subestime o impacto da sua aparência. Vista-se com confiança e profissionalismo, mesmo que ninguém esteja vendo. Isso afeta sua postura, sua atitude e a forma como você se apresenta verbalmente. Acredite, os clientes podem perceber a diferença.

Esses são os ingredientes que ajudarão você a conquistar a confiança dos clientes, a superar objeções e a alcançar o sucesso nas vendas.

Cale-se

A parte mais desafiadora de fazer um pedido é aprender a pedir e depois silenciar. Quando você expressa o que quer, você coloca tudo para fora e se torna vulnerável à possibilidade de rejeição. E o que acontece quando nos sentimos vulneráveis? Tentamos nos proteger.

Naquele momento estranho logo após fazer a pergunta, a sua mente começa a girar enquanto a possibilidade de rejeição passa diante dos seus olhos. O breve silêncio parece insuportável, como se fosse uma eternidade. Nesse momento de fraqueza, você começa a falar, falar e falar - seu cérebro enganando você ao acreditar que, se continuar falando, o potencial cliente não poderá rejeitá-lo.

Você levanta objeções que sequer surgiram, apresenta objeções que antes não existiam, exagera nas explicações, oferece ao seu potencial cliente uma saída e começa a falar continuamente sobre os recursos e benefícios, termos e condições, seus hobbies, seu cachorro ou até mesmo o que você almoçou.

E o que acontece? O potencial cliente, que estava prestes a dizer sim, é convencido a dizer não - por sua causa. Sua insegurança afasta o comprador.

Após fazer a pergunta, é crucial que você se cale! Mesmo com todos os alarmes soando em sua mente cheia de adrenalina, mesmo com o coração acelerado, as mãos suadas e o medo, você precisa conter-se. Morda a língua, sente-se sobre as mãos, coloque o telefone no mudo, cale a boca e permita que seu potencial cliente responda.

Nesse momento de silêncio, você dá espaço para que o cliente em potencial pense, reflita e tome uma decisão. O silêncio é uma poderosa ferramenta de vendas, pois permite que a outra pessoa expresse seus pensamentos e sentimentos sem interrupções. É nesse momento de calma que você demonstra confiança e respeito pelo processo de decisão do cliente.

Portanto, lembre-se: depois de fazer a pergunta, cale-se. Tenha controle sobre sua ansiedade e deixe que o cliente em potencial responda. Esse simples ato de silenciar pode fazer toda a diferença na quebra de objeções e no fechamento de negócios.

Os quatro tipos de objeções que você recebe nas vendas e quando acontecer

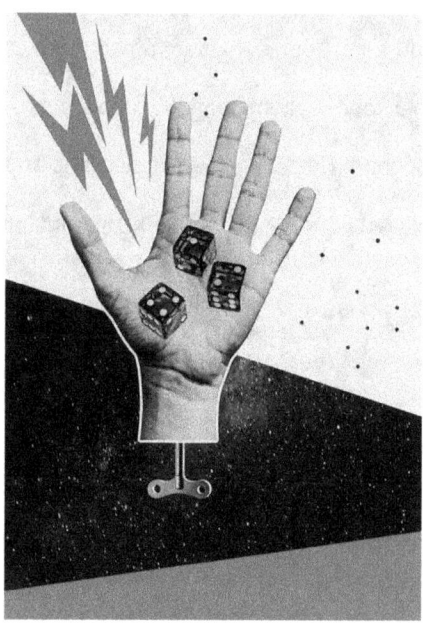

Durante o processo de vendas, é comum encontrar objeções por parte dos clientes.

Essas objeções são preocupações, dúvidas ou resistências que eles apresentam em relação ao produto ou serviço oferecido.

Saiba identificar e lidar com essas objeções de maneira eficaz para garantir o sucesso da venda. Existem quatro tipos principais de objeções que você pode encontrar:

Objeções relacionadas ao produto ou serviço: Essas objeções surgem quando o cliente tem preocupações específicas em relação ao produto ou serviço oferecido. Pode ser que ele não esteja convencido da qualidade, das funcionalidades ou dos benefícios que o produto ou serviço proporciona. Essas objeções geralmente acontecem quando o cliente não entende completamente como o produto ou serviço atende às suas necessidades ou resolve seus problemas.

Objeções relacionadas ao preço: Muitas vezes, os clientes podem expressar objeções em relação ao preço do produto ou serviço. Eles podem considerá-lo muito alto ou achar que não estão recebendo o valor adequado em troca do investimento que precisam fazer. Essas objeções são comuns, especialmente quando os clientes estão comparando diferentes opções e procurando a melhor relação custo-benefício.

Objeções relacionadas à confiança: Algumas objeções podem estar ligadas à confiança que o cliente deposita na empresa, no vendedor ou no próprio produto ou serviço. O cliente pode ter preocupações sobre a reputação da empresa, a credibilidade do vendedor ou até mesmo a segurança em relação à compra. Essas objeções surgem quando o cliente precisa se sentir confiante e seguro antes de tomar uma decisão de compra.

Objeções relacionadas ao tempo ou urgência: Por fim, as objeções relacionadas ao tempo ou urgência podem ocorrer quando o cliente sente que não é o momento certo para realizar a compra. Ele pode ter restrições financeiras, estar aguardando uma oportunidade melhor ou simplesmente não estar pronto para tomar uma decisão imediata. Essas objeções exigem habilidades de persuasão para ajudar o cliente a entender a importância de agir agora e superar qualquer resistência relacionada ao tempo.

Quando você identificar qual tipo de objeção você está enfrentando, será mais fácil direcionar sua abordagem de maneira adequada.

Ouça atentamente as preocupações do cliente, demonstrar empatia e apresentar argumentos sólidos para superar essas objeções.

Os segredos para diminuir a resistência de seus clientes potenciais e reduzir a probabilidade de você receber uma objeção

Ao se envolver em atividades de vendas, é natural encontrar resistência por parte dos clientes potenciais.

No entanto, existem estratégias eficazes que podem ajudar a diminuir essa resistência e aumentar suas chances de evitar objeções indesejadas. Aqui estão alguns segredos para você aplicar:

Pesquisa prévia: Antes de abordar um cliente potencial, dedique tempo para pesquisar sobre a empresa, seus desafios e necessidades específicas. Quanto mais você souber sobre o seu público-alvo, melhor preparado estará para fornecer soluções personalizadas e relevantes. Isso demonstra seu interesse genuíno e ajuda a estabelecer confiança desde o início.

Abordagem consultiva: Ao invés de adotar uma abordagem de venda agressiva, opte por uma abordagem consultiva. Escute atentamente as necessidades do cliente potencial e faça perguntas inteligentes para entender suas preocupações e desejos. Mostre-se como um parceiro que está disposto a ajudar e fornecer soluções adequadas, em vez de simplesmente empurrar um produto ou serviço.

Comunicação clara e convincente: Ao se comunicar com seus clientes potenciais, seja claro e conciso. Utilize uma linguagem clara, evitando jargões complicados e termos técnicos desnecessários. Destaque os benefícios do seu produto ou serviço de forma persuasiva, enfatizando como ele pode resolver problemas e agregar valor à vida do cliente.

Construção de relacionamento: Concentre-se em construir um relacionamento sólido e duradouro com seus clientes potenciais. Isso pode ser feito através do estabelecimento de conexões pessoais, demonstrando empatia e interesse genuíno em suas necessidades. Lembre-se de que as pessoas tendem a comprar de quem conhecem, gostam e confiam, portanto, dedique tempo para cultivar essa confiança.

Oferta personalizada: Ao apresentar sua proposta de valor, certifique-se de adaptá-la às necessidades específicas do cliente potencial. Mostre como sua solução pode atender às suas demandas e superar seus desafios específicos.

Demonstre que você levou em consideração suas preocupações e que está oferecendo uma solução personalizada para eles.

Micro compromissos

Micro compromisso nas vendas refere-se a pequenas etapas ou ações que são solicitadas e obtidas ao longo do processo de vendas com o objetivo de avançar o relacionamento com o prospect ou cliente em potencial. Esses compromissos são solicitações de menor escala, que podem variar desde agendar uma reunião, fornecer informações adicionais, realizar uma demonstração do produto, participar de um webinar, entre outras ações que demonstrem o interesse e a disposição da parte interessada em continuar a negociação.

A ideia por trás dos micro compromissos é estabelecer um senso de progresso e envolvimento contínuo com o prospect. Cada micro compromisso alcançado representa um avanço no funil de vendas, uma oportunidade de interação adicional e uma prova do interesse e engajamento do prospect na solução oferecida.

Ao solicitar e obter esses micro compromissos, o vendedor cria uma relação mais sólida e confiável com o prospect. Além disso, cada compromisso alcançado aumenta a probabilidade de fechamento do negócio, uma vez que demonstra o interesse e a intenção de avançar no processo de compra.

Os micro compromissos também ajudam a manter o momentum da negociação, evitando que o processo de vendas se estagne ou seja adiado. Eles funcionam como pequenos passos em direção ao objetivo final, permitindo que o vendedor construa relacionamento, conduza ações específicas e continue a conquistar a confiança do prospect.

Em resumo, os micro compromissos são pequenas ações ou etapas que os vendedores solicitam e obtêm dos prospects ao longo do processo de vendas. Eles servem para avançar o relacionamento, demonstrar interesse e compromisso, e aumentar as chances de sucesso na negociação. Esses compromissos são essenciais para manter o fluxo do processo de vendas e direcionar o prospect em direção ao fechamento do negócio.

A Técnica mais simples e aplicável para as vendas

O.A.S.I.S. - Observe, Analise, Sintonize, Informe, Solucione

Observe: Esteja atento às objeções levantadas pelo cliente. Ouça com atenção e identifique qual é a preocupação ou resistência específica.

Analise: Avalie a objeção de maneira objetiva. Compreenda a razão por trás dela e investigue mais a fundo para obter clareza sobre as motivações do cliente.

Sintonize: Entre em sintonia com o cliente, mostrando empatia e compreensão. Demonstre que você valoriza suas preocupações e esteja disposto a ouvir.

Informe: Forneça informações relevantes e evidências que possam ajudar a dissipar as dúvidas do cliente. Explique os benefícios, características e soluções que sua oferta pode oferecer.

Solucione: Ofereça uma solução personalizada para atender às necessidades do cliente. Demonstre como sua oferta pode resolver o problema ou superar a objeção apresentada.

Ao utilizar a técnica O.A.S.I.S., você estará preparado para enfrentar objeções de forma estruturada e eficiente. Lembre-se de que é importante manter uma postura respeitosa, ouvir atentamente e adaptar sua abordagem de acordo com cada cliente e situação. Com prática e domínio dessa técnica, você estará mais preparado para superar objeções e conduzir uma negociação bem-sucedida.

Conclusão

Ao explorar a psicologia por trás das objeções, descobrimos um mundo fascinante de motivações e emoções humanas que influenciam diretamente o processo de compra. Compreender esses aspectos é fundamental para se tornar um vendedor excepcional e habilidoso em quebrar barreiras e conquistar clientes.

Ao longo desta jornada, aprendemos que as objeções não são apenas obstáculos a serem superados, mas sim oportunidades de aprofundar o relacionamento com o cliente. Cada objeção revela informações valiosas sobre seus desejos, preocupações e necessidades. É aí que entra o poder da escuta ativa e da empatia, permitindo que você se conecte genuinamente com o cliente e compreenda suas verdadeiras motivações.

Através das técnicas e estratégias exploradas, você desenvolveu a habilidade de fazer as perguntas certas, desvendar objeções ocultas e conduzir a conversa de maneira persuasiva. Você aprendeu a importância do tom de voz, da linguagem corporal e da apresentação pessoal, reconhecendo que cada aspecto da comunicação influencia a percepção do cliente e a resposta às objeções.

Além disso, você descobriu o poder dos micro compromissos, compreendendo que cada pequena etapa conquistada ao longo do processo de vendas fortalece o relacionamento e impulsiona o progresso. Você se tornou um mestre em antecipar e contornar objeções, aplicando estruturas de reviravolta e técnicas persuasivas para converter resistências em oportunidades.

Lembre-se sempre de que as objeções são normais e fazem parte do processo de vendas. Elas são sinais de interesse, desafios que o impulsionam a aprimorar suas habilidades e estratégias. Ao adotar uma mentalidade de aprendizado contínuo e um compromisso inabalável com a excelência, você estará preparado para superar qualquer objeção que surgir em seu caminho.

Portanto, continue a explorar e aprofundar seu conhecimento sobre a psicologia por trás das objeções. Aplique essas técnicas de maneira ética e assertiva, sempre buscando criar valor e satisfazer as necessidades de seus clientes. Com determinação, perseverança e compreensão das complexidades humanas, você se destacará como um profissional de vendas de sucesso, capaz de transformar objeções em oportunidades e conquistar resultados excepcionais.

Lembre-se, a psicologia por trás das objeções é uma poderosa ferramenta em suas mãos. Agora, é hora de colocar em prática e alcançar novos patamares de sucesso em suas vendas. O futuro está repleto de possibilidades, e você está preparado para enfrentar cada objeção com confiança e determinação.

Sobre o autor:

 Matheus é um Ex-Militar / Agente Presidencial, formado em Marketing desde 2018 e especialista em copywriting. Já escreveu para mais de 27 nichos diferentes, mostrando sua habilidade em se adaptar a diferentes temas e públicos. Ao longo de sua carreira, trabalhou em grandes empresas, como a maior revista de negócios do país e a maior assessoria de marketing do Brasil. Contribuiu para o sucesso de campanhas importantes, gerando + 30m em vendas para seus clientes. Publicou mais de 200 livros na Amazon e obteve leitores em mais de 12 países diferentes. Especialista em StoryTelling e UX Writing, também atua nos bastidores como GhostWriter, dando voz às ideias e histórias de outras pessoas. Seu método é capaz de escrever um livro em menos de 24 horas.

Com uma visão estratégica e conhecimentos em marketing, ajuda empresas, autores e projetos literários a alcançarem o sucesso. Se encontrou no mundo do marketing, da escrita e do comportamento humano.